Y deben hacer lo posible
para continuar siéndolo.

A todo ser humano

le fueron concedidas

dos formas de actuar: la

acción

y la

contemplación.

Ambas conducen

al mismo lugar.

A todo ser humano le fueron concedidas dos cualidades:
el poder y el don.

El poder dirige al hombre al encuentro con su destino.

El don lo obliga

a compartir con los otros

lo que hay de mejor

en sí mismo.

A todo ser humano
le fue dada una virtud:
la capacidad de

elegir.

Quien no utiliza esta virtud
la transforma en una maldición
y los demás siempre
escogerán por él.

Todo ser humano tiene derecho

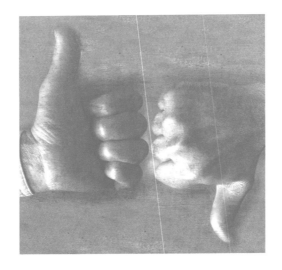

a dos bendiciones:

{
la bendición
de **acertar**

y la bendición
de **equivocarse.**

En el segundo caso, ese

aprendizaje

lo conducirá al
camino correcto.

Todo ser humano tiene un perfil sexual propio

y debe ejercerlo

sin culpa,

siempre que no obligue a nadie

a ejercerlo con él.

Todo ser humano tiene una

Leyenda Personal

a ser cumplida y esta es su razón

de estar en este mundo.

La Leyenda Personal se manifiesta

por medio del entusiasmo

con su tarea.

Parágrafo único: Se puede abandonar
por un cierto tiempo la Leyenda Personal,

siempre que no se la olvide y se vuelva
a ella tan pronto como sea posible.

El otro, para comprender los mensajes de Dios.

Todo ser humano tiene derecho a buscar la

y se entiende por alegría aquello que lo hace **feliz**;

no necesariamente lo que deja felices a los **otros.**

Todo ser humano debe mantener viva

dentro de sí la sagrada llama de la

locura.

Y debe comportarse
como una persona normal.

Solamente los siguientes puntos son considerados

faltas graves:

no respetar
el derecho del prójimo,

dejarse paralizar
por el miedo,

sentirse culpable,

creer que no se merece
lo bueno o lo malo
que le sucede en la vida

y ser cobarde.

Parágrafo 1: Amaremos a nuestros
enemigos, pero no haremos alianzas con ellos

Fueron colocados en nuestro camino para poner a prueba nuestra espada y merecen **el respeto de nuestra lucha**

Parágrafo 2:

Escogeremos
a nuestros
enemigos.

Todas las religiones conducen al mismo Dios y todas

merecen el mismo
respeto.

Parágrafo único:

Un hombre que elige

una religión

también está eligiendo

una manera colectiva

de adorar

y de compartir

los misterios.

No obstante, él es el

único responsable

por sus acciones en el camino

y no tiene el derecho de transferir

a la religión la responsabilidad

de sus decisiones.

Queda decretado
el fin del muro
que separa
lo sagrado
de
lo profano.

A partir de ahora,

Todo cuanto es hecho

en el presente afecta al futuro

como consecuencia

y al pasado

como redención.

Quedan revocadas todas las disposiciones en contrario

de
estos estatutos.

Todos los hombres son diferentes. Y deben hacer lo posible para continuar siéndolo.

A todo ser humano le fueron concedidas dos formas de actuar:
la acción y la contemplación. Ambas conducen al mismo lugar.

A todo ser humano le fueron concedidas dos cualidades: el poder y el don.
El poder dirige al hombre al encuentro con su destino. El don lo obliga
a compartir con los otros lo que hay de mejor en sí mismo.

A todo ser humano le fue dada una virtud: la capacidad de elegir. Quien no utiliza
esta virtud la transforma en una maldición y los demás siempre escogerán por él.

Todo ser humano tiene derecho a dos bendiciones: la bendición de acertar
y la bendición de equivocarse. En el segundo caso, ese aprendizaje
lo conducirá al camino correcto.

Todo ser humano tiene un perfil sexual propio y debe ejercerlo sin culpa,
siempre que no obligue a nadie a ejercerlo con él.

Todo ser humano tiene una Leyenda Personal a ser cumplida y esta es su razón
de estar en este mundo. La Leyenda Personal se manifiesta por medio
del entusiasmo con su tarea.

Parágrafo único: Se puede abandonar por un cierto tiempo la Leyenda Personal,
siempre que no se la olvide y se vuelva a ella tan pronto como sea posible.

Todo hombre tiene su lado femenino y toda mujer tiene su lado masculino.
Es necesario usar la disciplina con intuición y la intuición, con objetividad.

Todo ser humano debe conocer dos lenguajes: el lenguaje de la sociedad
y el lenguaje de las señales. Uno sirve para la comunicación con los demás.
El otro, para comprender los mensajes de Dios.

Todo ser humano tiene derecho a buscar la alegría y se entiende por alegría
aquello que lo hace feliz; no necesariamente lo que deja felices a los otros.

Todo ser humano debe mantener viva dentro de sí la sagrada llama
de la locura. Y debe comportarse como una persona normal.

Solamente los siguientes puntos son considerados faltas graves:
no respetar el derecho del prójimo, dejarse paralizar por el miedo,
sentirse culpable, creer que no se merece lo bueno o lo malo que le sucede
en la vida y ser cobarde.

Parágrafo 1: Amaremos a nuestros enemigos, pero no haremos alianzas con ellos.
Fueron colocados en nuestro camino para poner a prueba nuestra espada
y merecen el respeto de nuestra lucha.

Parágrafo 2: Escogeremos a nuestros enemigos.

Todas las religiones conducen al mismo Dios y todas merecen el mismo respeto.

Parágrafo único: Un hombre que elige una religión también está eligiendo una
manera colectiva de adorar y de compartir los misterios. No obstante,
él es el único responsable por sus acciones en el camino y no tiene el derecho
de transferir a la religión la responsabilidad de sus decisiones.

Queda decretado el fin del muro que separa lo sagrado de lo profano.
A partir de ahora, todo es sagrado.

Todo cuanto es hecho en el presente afecta al futuro como consecuencia
y al pasado como redención.

Quedan revocadas todas las disposiciones en contrario de estos estatutos.

Título original: Estatutos 2000
Traducción y edición: Lidia María Riba • Dirección de arte: Trini Vergara
Diseño: María Inés Linares • Diseño de cubierta: María Natalia Martínez • Fotos: © Stone

© 2000 Paulo Coelho
© 2004 V & R Editoras

www.libroregalo.com

Argentina: Demaría 4412, Buenos Aires (C1425AEB)
Tel./Fax: (54-11) 4778-9444 y rotativas • e-mail: editoras@libroregalo.com

México: Av. Tamaulipas 145, Colonia Hipódromo Condesa
CP 06170 - Delegación Cuauhtémoc, México D. F.
Tel./Fax: (5255) 5220-6620/6621 • 01800-543-4995 • e-mail: editoras@vergarariba.com.mx

ISBN-10: 987-9338-47-2
ISBN-13: 978-987-9338-47-6

Impreso en Argentina por Mundial Impresos S.A. Printed in Argentina

Coelho, Paulo
Estatutos para un nuevo tiempo.
1ª ed 2ª reimp. – Buenos Aires: Vergara & Riba, 2005.
52 p.; 15 x 15 cm.

ISBN-10: 987-9338-47-2
ISBN-13: 978-987-9338-47-6

1. Libro de Frases.
I Título
CDD 808.899.282

¡Tu opinión es importante!

Escríbenos un e-mail a miopinion@libroregalo.com con el título de este libro en el "Asunto".